PÁJAROS DE AZUFRE
ANTOLOGÍA COMENTADA DE POETAS ANÓNIMOS

PÁJAROS DE AZUFRE
ANTOLOGÍA COMENTADA DE POETAS ANÓNIMOS

DIEGO GODIÁN LÓPEZ

Valparaíso
EDICIONES

Número 552 de la Colección VALPARAÍSO DE POESÍA
dirigida por FEDERICO DÍAZ-GRANADOS

Diseño de colección y portada: Chari Nogales
Maquetación: Carlos Henson

Primera edición: febrero de 2026

© Valparaíso Ediciones
  C/ Fray Leopoldo, 7 bajo, 18014 Granada
  www.valparaisoediciones.es

  ISBN: 979-13-88007-31-6
  Depósito Legal: GR 46-2026

  Impreso en España - *Printed in Spain*
  Gráficas Gami

PÁJAROS DE AZUFRE
ANTOLOGÍA COMENTADA DE POETAS ANÓNIMOS

*Todo escritor
está radicalmente solo ante sus escritos.*
ERNESTO CASTRO

Otro palo al agua.

PRÓLOGO
UN FRACASO DOBLEMENTE PREMEDITADO

A mediados de los años noventa, el último gobierno de Felipe González decretó un aumento considerable (rondaba el ciento cincuenta por ciento) del presupuesto nacional para el Fondo de Ayudas y Becas del Estado, perteneciente al Ministerio de Educación, Cultura y Deportes. Esto propició que a mí, estudiante de notas no muy brillantes y con algún que otro espasmo de haraganería o dejadez, se me concediera la oportunidad de viajar a México D. F. para realizar una tesis doctoral sobre la relación entre el postismo –movimiento de la neoposvanguardia española fundado por Carlos Edmundo de Ory– y la poesía del ubérrimo y oculto Efraín Huerta. La correspondencia entre sendos autores había proliferado copiosamente durante la segunda mitad de la pasada centuria. En una carta no fechada, podemos leer unas líneas que nos indican nítidamente qué tipo de afectos compartían entre ellos: «Querido Carlos: Ya me llega el fétido aroma de tus últimos textos; y lo sé, lejano amigo, porque en las entrañas noto cómo las vísceras se me transforman en hiedra húmeda y percibo cada uno de los gorjeos de mi ano palpitante, y siento cómo los pinos inclinan sus gónadas grises frenéticamente sobre mi cráneo –pues golpean el vacío nauseabundo que me habita– y oigo tu llanto entre mis tímpanos celestes»[1]. Por desgracia, no pude concluir el trabajo a pesar de mi esforzado y extenuante tesón, ya que el gobierno entrante del noventa y seis (regentado por José María Aznar) recortó el aumento presupuestario para becas y ayudas del ministerio. En consecuencia, me vi obligado a regresar a España con treinta y siete años cumplidos, con una vida sustentada en la precaria jubilación de mis enfermos progenitores y, para más inri, sin ningún empleo estable a la vista. La derrota, como veis, era total.

---

1   Véase en Diarios de un adiós, p. 27

De ese par de paradisíacos años recuerdo, no obstante, momentos quizá más patéticos que sublimes; instantes que, a través de la celosía del olvido y la distancia, adquieren en el ahora una panoplia muy diversa y colorida de matices nostálgicos; una textura mnemónica indescriptible que, en definitiva, inclina mi columna vertebral hacia la mortuoria luz azul de una pantalla cualquiera de ordenador. Recuerdo ir –junto a Charles Pouzols, Mario Santiago Papasquiaro y Juan Ángel Asensio– a un edificio abandonado de la calle Campo Lomitas: sus paredes blancas, prístinas e indefensas se nos abrían ante las córneas como un capullo primaveral de rosas cárnicas: ahí usábamos espráis negros para pintarrajear poemas de muy dudosa calidad. Desvirgábamos pues la blancura intacta de los muros del Santuario –tal nombre le dimos a nuestro rincón– con el brío aplastante de la mala poesía; después, descansábamos silenciosos en unos sofás raídos que, días antes, habían formado parte del cubeto de la basura y, de cuando en cuando, desenroscábamos varias litronas mientras la literatura se cernía sobre nuestras lenguas de mimbre. En aquellas conversaciones alcoholizadas, Mario Santiago nos hizo una propuesta: hacer una antología de poetas anónimos. Inmediatamente, Charles, con una voz gangosa y vibrante, ofreció su sello editorial (Makabelia Ediciones) como modo de publicación. Su ímpetu arrollador contrastaba con la mudez de Juan Ángel, que sólo hacía ademanes de querer chupar la helada boquilla de una botella rota. La existencia potencial de dicha antología se diluyó, al igual que mi tesis, con el paso del tiempo; sin embargo, en marzo de 2021 aproveché una nueva estadía como parado para recopilar las composiciones que más tarde leeréis. De esta manera, ruego por la redención de todos los proyectos que jamás se llegaron materializar: ¡Papasquiaro dixit, Godián fecit eum!

***

¿Qué es la anonimia? Fácil: un enfoque disolvente del escritor frente a la autoría legal de su propia obra. Las causas que han motivado este fenómeno han sido muy diversas a lo largo de los milenios. Nosotros, empero, sostenemos –en la presente antología– que un nuevo tipo de anonimato florece en el panorama intelectual de los siglos XX y XXI: la esquizofrénica producción de libros de toda índole por motivos comerciales provoca que sea realmente dificultoso, imposible e improbable que un autor consiga vender más de cincuenta ejemplares de cualquier poemario o recopilación lírica. Dicha situación sumerge a los poetas –y también a novelistas, cuentistas y dramaturgos– en un silencio interminable: aunque legalmente aparecen como depositarios de los beneficios económicos y sociales de sus productos, la osamenta del desconocimiento se posa sobre ellos como si un enorme rascacielos se precipitara sobre una mariposa senil. Por lo tanto, todos los poetas aquí incluidos comparten algo en común: no haber vendido más de cincuenta ejemplares de cada uno de sus libros.

En aras de la difusión mundial, planetaria y galáctica de la genialidad deslumbrante de este puñado de visionarios –exceptuando a Mendoza, que era un absurdo epígono de César Vallejo–, yo, Diego Godián López, vierto sobre sus párpados la sangre más putrefacta y radiactiva de tales versos anónimos. Disfrútenla. ¡Sé que les encantará!

D. G. L

ADELA MARÍN

Adela Marín Noriega (1957) nace en Motril. En la Universidad de Granada entabla una estrecha relación con los poetas Luis García Montero y Javier Egea. Más tarde, los tres conciben un proyecto prometedor: publicarán un poemario antológico que intente dar un giro de ciento ochenta grados a la poética de los novísimos, proponiendo un nuevo concepto de poesía mucho más adecuado para los tiempos modernos. Lo titularán: *Otra nueva sentimentalidad*. Sin embargo, Adela Marín se desvincula pronto del proyecto y, en su lugar, se incorpora Álvaro Salvador Jofre, que finalmente completará la nómina de autores de *La otra sentimentalidad* (1983). Adela Marín recibe el Premio Ciudad de Soria de Poesía en 1984 por Aves de paso, un poemario que destaca por la síntesis lírica de complejas ideas espirituales, por el uso de un lenguaje coloquial, pero a la vez súper renovador, y por democratizar el género a través de una sencillez verbal que entraña una profunda y honda sabiduría (véanse los poemas antologados, todos pertenecientes a su *opera prima*).

En la actualidad, Adela Marín es catedrática de Literatura Española en la Universidad de Granada y ha realizado más de ciento cincuenta y dos estudios sobre la poesía de Federico García Lorca. Además, ha publicado los siguientes poemarios: *El hablante lírico* (1990), *Hojas simples* (1997), *Escritura fácil* (2004) y Niñez (2009). A pesar de formar parte del jurado de diversos concursos, su poesía no ha recibido tanta atención como su obra crítico-literaria.

FINAL URBANO

Será mi lengua un polvo ingrávido
suspendido entre avenidas y autobuses.

No quedará en mis huesos tu fragancia,
tampoco la memoria de Cullera
ni la hedionda comida de los perros.
Tan sólo persistirán algunas letras
oscilando
ante el absurdo...

... y, a lo lejos, mi callada ceniza
volará sobre las tejas de Madrid[2].

---

2   Es probable que este poema esté basado en la tormentosa rela-
ción de Adela Marín con Álvaro Martínez Sacristán, ensayista y filósofo
español que obtuvo cierta fama a finales de los años 70 por su libro *Rea-*
lidades defectuosas bajo el silencio: ¿prolegómenos de un apocalipsis ontológico?
En el prólogo de este libro, el filósofo declara lo siguiente: «Sin el fértil
influjo de sus lúcidos pensamientos, el entramado conceptual presente
en este libro no hubiera sabido articularse en una teoría sólidamente
compacta, sólidamente firme. Ella [Adela Marín] supo reorganizar un
caos con certeza coherente, más heterogéneo e inconexo como un gri-
terío anónimo» (26).

ADVERTENCIA AL LECTOR

Si pudiese domar (¿¡todas!?) las facturas[3],
partir sus fauces
y colocar una esquirla de silencio
entre sus números,
estoy segura de que este poema
avanzaría (lleno de asfixias
y retruécanos)
hacia los rayos irisados
de algún sol atemporal de nuevo día.

---

3   Véanse sendas rupturas en este verso: por un lado, una de cariz semántico (domar fieras-domar facturas); por otro, una de cariz rítmico inducida por la conjunción de dos signos dispares (el paréntesis y la exclamación). Adela Marín denomina este procedimiento como *verso bophaléptico*. Carlos Julián Turner, en *Retóricas versuales de la modernidad*, prefiere referirse a él como «verso arritmoasemántico-portical» (p. 114).

SÁBADO NOCHE

Aquella música genital, vacilante,
estaba asida a tus utópicas caderas;
colgaba de ellas cual poema hecho jirones.
No había versos en tus curvas.

No había cisne en mi cubata:
tan sólo una sombra irrigada por el vino
que avanzaba
entre mis jeans
                    y tu silencio.

ANA AVELINA MORENO

Ana Avelina Moreno (1942) nace en Buenos Aires. Con dieciocho años empieza a trabajar como corresponsal en España para el diario Clarín. Debido a su continua itinerancia entre sendos países, conoce a un gran número de escritores. Entabla amistad con Juan Gelman; y en la península, conoce a Carlos Edmundo de Ory (en 1964), a Juan Eduardo Cirlot y a Carlos Bousoño (en el mismo año). Estos hechos le llevan a interesarse por la poesía surrealista y a sumarse al postismo. En 1968, publica su primer poemario: *Mater* (Editorial Taurus). A este libro le seguirán otros cuatro, donde sigue desarrollando una escritura repleta de imágenes visionarias: *Iglúes velados* (1973), *Ausencias* (1981), *Porque, sí verdes* (1992) y *Sin compromiso* (2014). Vicente Aleixandre, en *Cuadernos de Velintonia*, afirma lo siguiente: «Ayer estuvo aquí Ana Avelina Moreno, una poetisa muy jovencita de Buenos Aires. Me enseñó unos poemas que me recordaron a los primeros de Guillermo de Torre, pero sin duda había algo en ellos que me llamaba mucho la atención: su sutil humorismo. Esas ligeras pero punzantes dosis de comicidad en medio de lo sublime encajan mucho con su persona: siempre se muestra sonriente, deleitosa, lleva una coleta alta y sus cabellos brillan como las espumas heladas de un río lejano; sin embargo, porta una vestimenta oscura, pesada, maciza como las rocas basálticas. Y, a pesar de todo, no hay contradicciones en su alma» (18 mayo de 1967).

Ana Avelina Moreno reside actualmente en Tarragona, desde donde dirige un sello editorial llamado Savia Milenaria. Esta pequeña empresa se dedica a la publicación y difusión exclusiva de poetas noveles, comprendidos entre los 18 y los 35 años. Además, sigue ofreciendo talleres de escritura creativa en la misma ciudad.

MATER

A pesar de los avances de la Física, comemos Habas.
A la humanidad le muge el ano.
El color es quizá nuestra traición.
Podríamos esperar muchas cosas debajo de esta higuera,
incluso cataratas de LSD;
pero nuestra axila se resguarda
de los cardos aún, y es muy suave a pesar de los erizos,
de los gemidos humanos como azulejos rotos.
Nos creemos así: altas orcas.
Pero las liendres son mejores, sin duda alguna. (Perejil).
Después de las Habas, a pesar del Imperativo Categórico
y de los Símbolos Disémicos, tragamos mortadela.
Y luego, a los rayos viscosísimos del Ser.
¡Hala!

TRAJINES CHANGE

En el mugido del amanecer,
la Pampa toda comprimida cristalinamente en una uña
de ausencia.
Más que lo inactivo,
incluso
fundiéranse con oro los suspiros de sal,
        la adoración del bronce por sobre las pantallas
quietas,
la bahía transida por ternura y asfalto, los almíbares…
Antaño, hace ya cuatro épocas de corcho,
            vinieron las ciénagas a la ría
y eran tan tristes como un carbunclo de niebla y esparto.
Por eso fui la Bella Ana de los altares…
Ahora, quizá, soy una especie de hambriento vergel:
            estatua de serrín dulce
                        y ciruelas.

ODA GEORGÍSTICA

Aunando cuerdas debajo de la clavícula
sigues con la risa pálida.
En el fragor del pálpito sin ley
    los bisontes
        ves
           por debajo de las estalactitas del tiempo.
La ignorancia. Apetencia. Moscardoncios.
Polo de escarnio dividido
entre cero punto setecientas cuarenta y un amapolas tiesas,
        atravesadas entre tus pómulos...
...la lluvia te recorre los párpados como una seda indecisa,
manifestando así patrones de puras ausencias.
Incluso hay un aljibe por donde existes, Casandra[4].
Acaso, casi siempre, poblarás los olivos.

---

4   Es frecuente en la poesía de Ana Avelina Moreno el uso de sujetos líricos o destinatarios femeninos varios. Su yo poético se deslinda en varias personalidades que, en su conjunto, ofrecen una imagen caleidoscópica de la cosmovisión de la autora. Léase al respecto MORA CABEZUDO, Rafael. «Heterónimos o la deformación aveliana del yo: rasgos y bosquejos», *Poesía con límites*, t.2, nº3 (1998): pp. 122-164.

ARTURO MENDOZA

Arturo Neftalí Mendoza Vásquez (1902-¿1942?) nace en Santiago de Chile. A los veinte años se traslada a Madrid, donde asiste a las tertulias de Rafael Cansinos-Assens, Guillermo de Torre y Ramón Gómez de la Serna. Jorge Luis Borges, en una entrevista radiofónica de 1971, dijo sobre él lo siguiente: «Mendoza era un hombre etéreo, un hombre huidizo. Su máxima virtud quizá fuera el silencio. No lo supe nunca. Yo, desgraciadamente, jamás hablé con él». Se mantiene en la capital española durante la Guerra Civil, momento en que lee a César Vallejo. En 1939 se traslada a París para trabajar como periodista y allí publica *Les violettes des ténèbres* y *Chant minimal*, dos breves poemarios en francés muy influidos por la poesía vallejiana; además, funda la revista multidisciplinar *Châteaux de lumière* con el escritor surrealista Guy Rosey. La crítica apunta que, junto a Gerardo Diego, es uno de los primeros poetas que se ven deslumbrados por los versos del peruano, lo que le lleva a replicar su estilo en dos libros epigonales de poco valor sustantivo. Por ello, se considera que la poesía de Mendoza es uno de los primeros testimonios que certifican que Vallejo, desde muy temprano, fue considerado un maestro de maestros. A partir de 1942 no hay ningún documento que nos hable de su existencia. Se especula que murió en la París ocupada entre 1942 y 1944.

MEMENTO MORI[5]

Qué macabra es la aceleración de los mares.
La sufro con su esbelta inquietud
anclado a lo más ronco del ártico,
a lo más tierno de las bahías calientes.

Y qué macabra la voz de las cuevas;
pues, en ellas, indago con mi seno partido
y encuentro medusas y crudo, gotas,
agraciado espanto bajo la hulla.

Incluso al volcán, amigos, desde mi superficie
cárnica me arrojo sin sueño, me arrojo porque
el asfalto en mí late, chilla como en vosotros.

Diréis, entonces, que los niños me aman. Y no.
Me aman los muebles en que ayer hubo aves.
Me aman los robles en su después inútil.

---

5   Las traducciones son mías. A pesar de que no he podido mantener la métrica de los sonetos, creo que sí he hecho lo propio con los diferentes ritmos. Si se prefieren leer las versiones originales, véase el siguiente artículo: DÍAZ CAÑAS, Aurora. «Los sonetoides mendozianos: un paso más allá de la revolución sonetística vallejiana», *Revista Peruana de Estudios Poéticos*, nº7 (2014): pp. 134, 135 y 136.

NIEVE CÁLIDA (II)

Mira, hijo, cómo voy tejiendo la bufanda
miserable de la vida. Besa a tu padre
con lágrimas óseas; visita las puertas selladas,
excelsas en limbo opiáceo, de tu hermana que ríe...

Mira, hijo, cómo de irreal es mi vientre:
la coagulación errónea de sus uvas;
sus viñedos inundados, mudos;
el ruido de amianto de sus vísceras...

Coge mi mano encajada
entre las telas de nube, hijo;
mis tristes aceitunas, la bufanda que te coso.

Dóblala los días en que nazcan tus abuelos.
Cúbrela despacio con tu cuello universal.
Cúbrela en ti mismo.

CAÍN[6]

Me declaro detractor de la escritura: fiel tirano
que devasta como un toro
las livianas madreselvas; que deambula entre su vómito,
entre el suyo y el de otros.

Me declaro indigno de un soneto: tristes
quienes crean –como monjes abnegados–
en poemas y pasiones, quienes
libren una guerra contra el trueno de su idilio.

Declaraciones olvidadas, yo esto hago: que nazcan
sobre mí las larvas destructivas, que coman de mi carne
como lo hacen los caballos y las hienas; que

nada quede, ni tan siquiera un cráneo flotando
en el océano: la gloriosa inexistencia
avanza hacia el crepúsculo.

---

6   Este es el único poema de Mendoza escrito en español. Obsér-
vese la errática y dislocada disposición de lo que, en un principio, iban
a ser dodecasílabos asonantes. Pareciera que el autor chileno no tiene
la capacidad de asimilar la prosodia de la lengua castellana y por eso se
resigna al idioma galo.

CARLOTA RAMOS HENDERSON

Carlota Ramos Henderson (1951) nace en Reikiavik, Islandia. A los dos años de edad fallece su madre; por ello, se traslada a Madrid con su progenitor, donde reside desde entonces. Su producción literaria se ha centrado, sobre todo, en la novela y la prosa de pensamiento. Algunos críticos, en consecuencia, han interpretado su poesía como una mera escritura de formación o, incluso, como una simple anécdota juvenil.

En 1971 gana el premio Nuevas Voces (Editorial Almabiba) por su poemario *Antorchas temporales.* Tres años más tarde publica *Confesión fugaz,* su libro de poemas más destacado. Comienza su andadura narrativa con *Los días gráciles, Falso utópico* y *Desaparición*, una trilogía de novela histórica ambientada en la época amarniense de la civilización egipcia. En 1997 recibe el Premio Planeta por su novela Brecha de hielo (ucronía sobre las posibles conquistas del rey Nabucodonosor II). Además, sale a la luz su primer libro de ensayos: *Mandamiento ficcional.* En la década del 2000 se le asigna el cargo de cosecretaria de Estado de Cultura junto a Luis Alberto de Cuenca. Tras cuatro años ocupando dicha posición, ambos fundan –junto a Jaime Villafrañil, Andrés Trapiello, Viviana Nombela y Vicente Molina Foix– la Asociación de Escritores de Carabanchel Alto / La Movida: una institución cuyo cometido principal es «degustar libros ochenteros en su literalidad y voluptuosidad, ya sea bajo los madroños de la fértil primavera o bajos las incólumes barbas lúbricas de nuestro adorado Ramón María, el eterno greñosillo». Desde el año 2011, Ramos Héndersson se postula como presidenta vitalicia. Curiosamente, su silencio literario ocupa ya más de un decenio.

TÁRIQ IBN ZIYAD REZA MIENTRAS NAVEGA HACIA LAPENÍNSULA IBÉRICA CON SU EJÉRCITO

711

Yo quiero llegar
con la Luna iluminándome la espada.
Yo quiero llegar
cubriendo de canela los eriales.
Yo quiero llegar
con la música de Alá sobre los brazos.
Yo quiero llegar
honrando a Mahoma y a su sueño.

MATSWO USHI ESCRIBE SU
PRIMER TANKA

1123

Por este patio
el hijo de la nieve
camina mucho.
Los árboles sin rostro
lloran lágrimas rojas.

CRISTÓBAL COLÓN SUEÑA CON SU VIAJE POR LA MAR HACIA LAS INDIAS

1490

Florecer quisiera en cada uno de tus gestos,
fenecer quisiera al lado tuyo,
esculpir tu voz y desgranar tus olas,
naufragar como un mendigo
por tus dunas plateadas…

En los arrecifes de tu cuerpo
quisiera yo encallar mis carabelas[7].

---

7   Fijémonos en el yo poético de estos poemas: no se corresponde con el yo autorial de la escritora. Este curioso fenómeno ha sido bautizado como *yo poético alteronímico* por Jaime Olmedo Ramos en un artículo reciente: «la alteronimia se caracteriza por introducir una intransitividad entre el yo autorial y el yo poético. Esteúltimo acaba por disociarse del primero revistiéndose con la máscara de algún personaje histórico existente, y en tanto en cuanto aúna dentro de sí una determinada afectividad o emoción específica, expresa asimismo realidades psicológico-biográficas que incumben tanto al poeta como al personaje a través del cual se enuncia el poema» (32). Véase en OLMEDO RAMOS, Jaime. «La alteronimia: una definición y cuatro ejemplos», Revista Hispánica de Teoría de la Literatura, vol.2, nº1 (2021): pp. 7-58.

GONZALO LÓPEZ DIÉGUEZ

Gonzalo López Diéguez (1932-1975) nace en Cuadros (León). A pesar de formar parte de una familia muy humilde, consigue trasladarse a Salamanca para estudiar letras en 1951. Allí lee a los clásicos, prestando gran atención, sobre todo, a Fernando de Herrera y a Francisco de la Torre, además de estudiar con gran fervor la poesía de la posvanguardia hispanoamericana. A partir de 1964 entabla amistad con José Ángel Valente. En la abundante correspondencia entre ambos se observa una gran admiración mutua: «Y yo pensaba, José Ángel, y sigo pensando y siempre pensaré, que tus palabras nunca serán ceniza, sino una brasa indómita que atravesará el muro helado de las generaciones» (27 marzo 1972). De carácter ácido, melancólico e impulsivo, a la par que retraído, se le llegó a conocer como «el trabucuadros» entre diversos círculos culturales leoneses, donde su fama no fue demasiado feliz.

Su obra es escasísima: solo contamos con un libro de poemas y un epistolario inédito al que he tenido acceso gracias a sus descendientes. El poemario, titulado *Bahías lejanas*, cuenta con ciento treinta y ocho poemas numerados arábigamente. Fue publicado en 1971 y pasó desapercibido ante la crítica (quizá porque salió de las prensas de Limayea Ediciones, una editorial regional con muy corto recorrido que desapareció pocos años después y cuyo director, el poeta Gómez-Valentí, también se halla antologado aquí). Gonzalo López Diéguez murió frente a sus alumnos del Instituto Legio VII, en la mañana del 22 de abril de 1975, mientras impartía una clase sobre Modernismo y Rubén Darío. Los periódicos de la época se hicieron eco de la trágica muerte del poeta-profesor, pero su recuerdo se diluyó rápidamente.

14

A ti
se va mi sangre acorazada,
languideciendo y sola, transida de mundo.
A ti mi sangre
te prefiere;
y mi compañía que deshace ganglios,
que llega a los puertos
con velas sin aire

se inunda de aceros, de adioses en armas.
Por mi voz que te espera
en este callar de vidrios
confieso
desangelaciones;
degrado mi ser hasta la levadura
y me vuelvo vid, pasto, misericordia.

Es triste mi copa
    de amazonía. Es triste la inacción.
Pero tu silencio, tu victoria natural, me bebe
asimismo
el cuerpo en que se hunde, en que llamea
    eternamente mi silencio.

31

Quiero
quiero
quiero mi chupete
que ese monstruo se ha llevado.
  Quieres la blandura
condensada entre tus cócleas; dame
dame
dame mi chupete de ese monstruo tan marrón,
dame mi chupete; *Toma nubes ácidas*[8]; quiero
quiero.

Ya casi no lloro,
Ya casi no lloras por que sangren
    las espigas
Ya casi no lloras por los años;
ya casi que no. Lloras
    Lloras

Gime amargamente en este octubre
        desatado
Gime sin mañana
Tu cerezo intercostal
está sufriendo

---

8   López Diéguez redunda en el empleo de bifonías o polifonías en
sus poemas. La mayor parte de sus escritos parecen diálogos trasplan-
tados al género lírico, o poemas cuya literariedad se basa en la confron-
tación dialéctica entre dos o más posturas antagónicas que, a la vez, se
suplantan y complementan.

pudriciones
Gime
Gime.
No…
No..

47

Los segundos,

los segundos,

como trépanos de óxido y distancia
viven en la cruz
y en la osamenta de los ciervos.

Viven,
viven,

viven y no mueren
y ya dejan limo pútrido
en los tuétanos más blancos y nacientes;
   Estos
   Estos

      que todo el mundo envuelve
      con las prendas soleadas del verano

  La cumbre venerada de los símbolos
  El eje numinoso de la carne
  La encía marchitada de la pena;

Antes nunca desvelados,
antes nunca dichos
con palabras de armonías cavernosas
son aquí la esencia: los riegos míos tuyos,

la sangre
en que navegan
una
a
una
cien tarántulas divinas.

IGNACIO GÓMEZ-VALENTÍ

Ignacio Gómez-Valentí Martínez (1935-1983) nace en Carbajales de Alba, un pequeño pueblo de Zamora. Es hijo de Joan Miguel Gómez-Valentí, un acaudalado empresario catalán que obtuvo pingües beneficios del comercio con el tabaco. Por ello, no tiene problemas para acudir a la Universidad de Salamanca y se gradúa con Premio Extraordinario en la promoción de 1957. Desde ese momento, enfoca su vida al estudio, la erudición y el mundo editorial. Llega a ser profesor de literatura hispanoamericana en la Universidad de Alcalá de Henares. Asimismo, publica un importante libro sobre literatura colonial: *La estratagema ahogada: agravios y silencios de Alvar Núñez Cabeza de Vaca* (Editorial Gredos, 1964). En el año 1970 funda Limayea Ediciones, donde publica *La gloria fue para los otros*, su primer poemario. Según sus propias declaraciones, crea dicha editorial para ayudar a poetas desconocidos y para gastar el tiempo «en vicios verdaderamente saludables». Es amigo íntimo de Gonzalo López Diéguez y Luis Alacaída, a quienes da cobijo en su pequeña empresa personal. En estos años, se relaciona con poetas y narradores leoneses tales como Agustín Delgado, Antonio Gamoneda o Luis Mateo Díez. En 1975 disuelve Limayea Ediciones y publica su segundo poemario en Editorial Endymion, titulado *Las águilas que dejaron de pasar...* Un año después, recopila toda su obra poética bajo el título Las auroras feroces. Sus poemas son altamente metapoéticos y beben de una herencia neorromántica ya muy desgastada en aquellos años. Las composiciones incluidas aquí pertenecen a su segundo libro.

Ignacio Gómez-Valentí muere en el trágico accidente del Vuelo 11 de Avianca en 1983, junto a Ángel Rama y Manuel

Scorza. En una necrológica que le dedicó Octavio Paz en el diario El País, puede leerse lo siguiente: «Era un hombre claro como la luna y despierto como el relámpago. La hispanidad pierde hoy a una de sus grandes plumas, pero así es la muerte: chorro de leche entre dos infinitudes negras» (29 noviembre de 1983).

ARTE POÉTICA

I

Ser menos un hombre que un poema;
y el poema, un espejismo ilimitado.

II

Cuando vienes, Belleza, y me arrebatas,
y rompes la osamenta que me apresa y me tortura;
y coses un delirio en cada una de mis venas
y haces que mi cuerpo no sea un cuerpo...

¡Qué mágico estar sobrecogido!
¡Qué dulce relámpago existir!

III

Me has dejado tantas tardes no vividas
y tanta vida imaginada en la memoria...

IV

Seré el anónimo, el escondido en los ramajes.
Para hallarme tendrás que revolver miserias
y fracasos. Andaré silente entre los cuerpos,
sin más querencia que escribir un par de cosas.
Mi poesía está sola también. No existe la luz.
Seré el silencio entre la gente, entre las voces.
Me verás partir con dos versos bajo el alma,
me verás morir sobre un poema que no es mío.

PARA A.M.P

Tu ausencia, como una lava infame,
se derrama en la memoria.

Tu ausencia
—que encharca las tierras y los vientos y se expande
hasta la luna— me despoja de mí mismo.

Yo ya no soy yo.

Yo soy también tu ausencia.

SOLILOQUIO

Jamás conseguirás
aquello que tus ojos observaron
tras las ruinas imposibles de una estrella.

Nunca será tuya la dulzura fácil,
la bondad inalcanzada de las nubes,
el canto luminoso de los días que anhelaste…

Extenderás tu pena como un líquido de sombra
entre las horas desgraciadas;
llegarás al núcleo mismo del desánimo:
allí estará tu hogar. Allí renacerás
para fundirte con la lluvia[9].

---

9   Gaspar Sánchez Padrón, sobre el último verso de este poema, me dijo con las órbitas abiertas cual luminosos soles de julio abrasador: «es delicioso ese final, es deliciosa la idea de fundirse con la lluvia: tan melancólica y suave como la carne recién cortada del glúteo de un bebé enmudecido» (os podéis imaginar la escena: era medianoche y estábamos en el Anticafé, hoy desaparecido a causa del alto precio de los alquileres madrileños). Yo, a pesar de su opinión, sigo viendo en tal figura un tópico relamido excesivamente neoposromántico y trasnochado. ¡Qué le vamos a hacer!

JORGE ROJAS-YORGUANTAY

Jorge Daniel Quispe Rojas-Yorguantay (1960-2022) nace en Zaruma, Ecuador. En 1976 se traslada a Oviedo: allí se impregna de la doctrina del Materialismo Filosófico, irguiéndose como uno de los principales colaboradores de la revista *El Basilisco*. Tras realizar varios trabajos de sociología como *La ventana amarilla: análisis integral de la situación distáxica de los poblados guineanos en manos de Yamamo Bambabo (tirano del sur de la región del Tumbambo del Este)* y *El hígado gaseoso: cuestiones oblicuas a la gastronomía apotético-piramidal de lo visto/olido inscrita en Fragskersttiëmh* (ambos de 1999), se lanza a publicar un libro de cuentos inspirados por la poesía de Nicanor Parra: *Kilómetros púrpuras* (Editorial Edad, 2000). Gustavo Bueno, en una entrevista realizada por La Voz de Asturias, dice lo siguiente sobre dicha obra: «Yo aprecio de verdad las ideas de Jorge, pero lo que ha hecho carece de valor literario, así de claro. Es más bien una papilla vanguardista que otra cosa. Muy bien… pues que se dedique mejor a lo suyo y se deje de marear cernícalos, por Dios». Ante tales comentarios, Rojas-Yorguantay empieza a reescribir y fragmentar su libro hasta convertirlo en una suerte de antología (conformada por piezas líricas muy extensas y prosaicas) que corrige en silencio durante veinte años. Finalmente, su poemario sale a la luz en noviembre de 2021, publicado por la editorial Temas de Hoy. Esta vez se titula *Kilómetros púrpuras II*.

Dos meses más tarde, el autor ecuatoriano muere en extrañas circunstancias: su cuerpo aparece desmembrado en el parque Ángel Cañedo, de Oviedo. Su mano derecha, sus orejas y la parte inferior izquierda de pene aún no se han encontrado, pero yo le he escrito una hermosa necrológica en mi página web, titulada

«Apología fugaz de Jorge Rojas-Yorguantay» (pueden ir a leerla, siempre que gusten[10]). Si pueden proporcionar alguna información al respecto llamen a este teléfono móvil: 625036550. Muchas gracias por su colaboración.

---

10   Disponible en este enlace: https://diegogodianlopez.wordpress. com/2022/02/12/apologia-de-jorge-rojas-yorguantay/

DISCURSO EXTERNO
DE LA REALIDAD INTERNA

A ver si os enteráis
de que la vida
      del que escribe
es solitaria: está repleta de sauces bifurcándose hacia el norte
y en sus bordes megalíticos
impera cualquier tipo de incendio cavernario, por no decir inútil.
A ver si os enteráis, coprófagos de imagen, de que el silencio
reina paulatinamente en el mundo
de quien con pelos en la nuca os está hablando,
y de que la grosería se vuelve grosella
en las garras fulgurantes de los linces, de los músicos
y de los poetas de cartílago horadado.
Haría falta vislumbrar mil cortinajes de mármol
para no percatarse de la esencialidad del asunto: podemos
nosotros escupir vinagre mientras nos riegan de dulce
   amoxicilina,
pero jamás podremos derrumbar la estaca disuasoria
de nuestra lengua en punto negro; jamás podremos equilibrar
las coordenadas sonoro-ruidosas del eje radiocircular
que nos atraviesa a carcajadas, y del que extraemos
carbones de almíbar para su postrera inoculación en esófagos.

* * *

Acuéstate quemado de utopías
bajo la sábana hirviente, ante la cremación de los sauces.
Vivo apoyado en las memorias de mi vivir,

arrodillado como un monje o un eunuco,
viendo la majestad de dos muslos femeninos de magnífica
   bonanza.
A veces desentierro alguna alegría de cobre
bajo mis huesos
y así me agoto en la insonoridad en que estoy:
boquiabierto y desconocido por cada una de las bocas
que vomitan en comunión de armonía sociolectal;
conociendo la tristeza
de las obsoletas aulas
y viajando
      mágicamente   por las tuberías
                  de lo imposible, de lo incompleto...

NICANOR PARRA Y LA DESMITIFICACIÓN DE LO POÉTICO

Ahhh Nicanor,
parra de frutas irónicas en sombra, Nicanor de los monzones
humorales, de los noes más telúricos
y de los números de la sinrazón; Nicanor,
qué falta has hecho en las estepas sociolíricas
y en los genitales de ciertos seminaristas desconocidos;
cuánta certeza enfrentabas a la calentura
neoplatonicoposromántica
de imberbes crónicos en blanco que se rascan continuamente
los apéndices floroinfantiles.

Nicanor de las cuatros voces tiesas, sonetoides de amargura,
azote de la holización lírica, ridiculización simpática de la noche
y de sus bordillos orinados orinables y orinantes;
poeta de esparto y de corcho
besado por los pliegues labiales de un viejo que se acaricia la
    pelvis;
poeta del tumultuario gozo
de quien se sabe burlador del tontolisto
regalándole, ofreciéndole
como espinas de malaria
las certezas
ideales que mastica;
vencerás en tu silencio para siempre, y tu callar
en que se halla la sapiencia
de quien ha visto un pájaro plagado
de termitas, un corazón poblado de infartos, ventrículos

y glóbulos
y un cielo que es azul
acaso por reflejo
      acaso por oxígeno, se adentrará
como navaja entre los ritmos
extirpando cualquier externalidad metafísicoinfecta,
metatrágicomágica, metatérricoviuda,
           lirísimoanómala.

APUNTE SOBRE EL ESPACIO
ANTROPOLÓGICO

Ábrete a la nueva floresta neumática,
despréndete de la dulzura musical de los torrentes;
saborea la textura cítrica del cable: sabe a amanecer atardecido.

Imprime con tus córneas megapíxeles
exhalando mitificación
inhumando verdor púbico
imantando lunas resonantes como grades caballos
hechos de marfil ultrasónico.

Accede a la configuración estéril de la sociología
tecnológica; acércate acariciando conejos
como cuando en los cuentos las niñas ríen entre praderas
de oro, entre cascadas de oro
que se atornillan a sus cerebros aún vírgenes, aún
humanos. Desconfía de la materialidad del puñetazo,
de la verdad alquímica de un beso
dado a las doce de la existencia
enfrente de un bar de Lavapiés
por acción única del morro de un jabato. (Magnífica
    aseveración,
pues, la de Cortázar
en la autopista del sur, que es la autopista de todos, y de todos
norte, sur, oeste, este)

* * *

y aquel que se descrea, pues, hacedor de mundos otros,
váyase a la mierda; al purísimo garete de lavandas,
a la misa de neuronas
cangrenales
que hallarán muerte benéfica en una especie de inflación
  emocional

* * *

[11]y ábrete, así, a la novísima floresta neumática:
besa irremediablemente las carcasas de los teléfonos móviles
que te caramelizan y te descongelan.

---

11   La fragmentariedad en los poemas de Rojas-Yorguantay irrumpe, a menudo, mediante diversas intradisrupciones discontinuativas que trocean y desmiembran la narratividad y el ritmo contenidos en los mismos. Edgar Allan Poe dijo que no existían poemas largos, sino sucesiones de pequeñas piezas líricas imbricadas entre sí: el bardo ecuatoriano es un gran ejemplo de ello.

LUIS ALACAÍDA

Luis Alacaída, pseudónimo de Luis Expósito Hervás (1937-1975), nace en Zamora en plena Guerra Civil. Fue íntimo amigo de Claudio Rodríguez y Gonzalo López Diéguez, con quienes fundó la malograda revista *Crepuscularia* en 1969. Durante toda su vida trabajó como curtidor en Pieles Gómez S.A., hecho que no le impidió acumular un gran número de lecturas y poemarios publicados. Su obra cuenta con los siguientes títulos: *La deriva del ayer* (1957), *Cremaciones* (1958), *Labios bajo el cieno* (1959), *Poemas del amor y sus navajas* (1961), *Acaso pólvora* (1964), *La deriva del mañana* (1965), *Cráneos de luz* (1970), *Labios sobre el fuego* (1971), *Labios de aire* (1972), *Labios tras las olas* (1973), *Recuérdalo* (1974) y *Flores y elegías* (1975). Sus últimos seis poemarios fueron publicados por Limayea Ediciones en ínfimas tiradas de 50 ejemplares. Sus primeras publicaciones, hoy inencontrables, fueron autoimpresas y distribuidas por el propio autor.

La poesía del zamorano se caracteriza por tratar profusamente el tema amoroso, relacionándolo con el paso del tiempo y la muerte (como demuestra su tetralogía de los Labios...). Los poemas que siguen, incluidos en *Flores y elegías*, están dedicados a su mujer (Catalina Téllez Gómez), fallecida en 1974 a causa de una enfermedad degenerativa precoz. Luis Alacaída murió el 6 de noviembre de 1975: una máquina de la fábrica de pieles le cercenó el muslo y se desangró antes de recibir asistencia médica. Al mes siguiente, las prensas de Limayea Ediciones dejaron de funcionar.

TRÍPTICO A CATALINA

I

Por qué, si miro la oscilación de una cuerda,
por qué, en ese agravado instante
existen en mí
torrentes de números,
monzones en lucha,
dolencias de siglos que embisten brutales.
Por qué
si oscilas, ah, en movimientos de pluma
crece en tu espalda
el filo sonoro
            de viernes sin tregua,
remansos de sangre
en tu seno callado...

Hoy
los motores
            con sus regimientos de chapa,
con sus latidos indómitos, son
tú
también
y asimismo corróense, ínflanse,
púdrense hasta la extenuación de sus ejes.
Catalínico efluvio de meses aislados:
pasa, sin señal fértil, una posibilidad;
la última posibilidad
            de ser joven en dos.

II

Si supieras de tu vibración astral,
de la camaleónica selva de tus ojos en luto,
del anochecer de tu imagen
que vuelve
y no vuelve a la almohada,
tu tuétano hirviente saldría hacia fuera;
la carne aferrada
a tus fémures lúcidos
no querría ya más
contenerte,
no querría consideraciones...

Por mis poros abiertos
eres
la secreción consumada:
finalmente
flujo oloroso de aljibes temblantes,
sustancia mortal, destello
en mi boca...

Y es este el terreno. Esta la devastación.
Imploro, ante el granizo, que en breves
milenios iguales al cobre.
Imploro
irremediablemente
        contener en mis huesos
la desposesión compartida.

III

Existe solamente lo lejano.
Existe un gran chorro de estrellas en fuga
que se vierte sobre tu boca
como queriendo morir.

Existe ictericia bajo tu lengua.
Pero qué resplandor en doble de rayos,
qué suave apogeo de músicas
tu caricia, mi desvelo.

Me quiebro quizá. Respiro gramíneas.
Rozo algún pecho traslúcido y solo.
Padezco las horas.

En hoces de vivo, fuerte silencio,
pasan los días de pólvora y bruma:
los días de ausencia[12].

---

12   En una entrevista para el Diario Marca, Luis Alacaída manifestó su interés por renovar el soneto: «lo intentaron tantos... Rubén Darío, Juan Gelman, Fulgencio Martín Fuensalida, César Vallejo, Enrique Lihn, Rafael Morales... Pero ninguno traspasó la red y yo lo voy a intentar conseguir; sobre todo, porque quiero demostrarle a Pedro Lorenzo-Corpacho que es posible seguir escribiendo sonetos a estas alturas; ya sean novosonetos o incluso sonetoides, ¡hombre que sí! Porque la poesía, al igual que la diestra de Cruyff, es inmortal y precisa como una hoja de obsidiana, y nos puede seguir cortando tan limpiamente como al principio de los tiempos, ¡te lo digo yo! ¡Visca la poesía, y visca Barça!» (4 noviembre 1975).

RAQUEL M. MILANNI

Existen muchas incógnitas acerca de esta poeta, por ello, no podemos ofrecer una fecha de nacimiento ni de defunción. Sabemos que publicó doce poemas en la revista *Proel* entre 1949 y 1950, pero, más allá de eso, todo es una bruma insoslayable. José Hierro, en una entrevista realizada por Benjamín Prado en 1998 para el diario El País, ofreció la siguiente información sobre ella: «Sí, Raquel... Yo la conocí en Madrid en 1946. Tenía como veinticinco años. Nos hicimos amigos y ella publicó en *Proel*. Sé que le ofrecieron publicar su libro (que se llamaba algo así como *Horas sin vuelta*, o *Tiempos sin vuelta*, no me acuerdo) con la editorial de la revista, pero ella no quiso. Tres o cuatro años después se volvió a Italia, una pena. Era buena escribiendo. Yo le cogí prestado unos versos para *Cuanto sé de mí*, y no le importó. Decía que la literatura no era de nadie».

La crítica literaria Fanny Rubio, en su artículo «La revista *Proel*: una encrucijada estética entre dos mundos» (*Anales de Literatura Española*, nº76 [1991]: p. 78), afirma que Raquel M. Milanni fue una poeta ficticia creada por José Hierro, José Luis Cano y Julio Maruri: «una suerte de juego pessoano de juventud a tres bandas». Sin embargo, hemos tenido acceso, a través del archivo de la Biblioteca Nacional, a un poemario titulado *La grieta celeste*, cuya autora es Raquele Milannicce. Es posible, por tanto, que estemos ante la misma poeta a la que se refiere José Hierro, lo que invalidaría las afirmaciones de Fanny Rubio.

Engrásanse. Tornillos. Hierros. Tuercas.
Arandelas jadeantes, tubos en su aire de presión
inmaculada; pedales con angustia hipertermal,
cínica correa, látex en pastillas.
Engrásanse soñando un buen mañana;
acaso algún ayer que les crecía,
que iba con banderas sepulcrales
hacia el sordo amanecer entre sus gónadas.
Hierros, tornillos, tuercas, cadenas por sus labios
de felpudo y yo desde sus huecos estoy triste,
sola estoy; partida cual bacteria entre dos lunas:
loca en la efusión de las salivas.
Accionen, arranquen. Miren simplemente a la pared:
casi tiene ojos, casi tiene habla. Paren, retrocedan:
ajusten ahora mismo sus anclajes, quizá mane
el gasoil entre las glándulas.
Atrás, al frente: embragues, espejos. Configuren
sin pasión la manivela. Atrás. Atrás: olvido, olvido.
Vivan. Duelan. Vivan.

A José Luis Hidalgo,
por una tarde ya lejana.

Los cilindros de mi corazón. Su muelle tenso.
Su loco agitarse.

Un golpe descarado en las costillas. Senderos de vacío.
Agujas abrasadas por mis vértebras.

Los cilindros inmorales de mi cuerpo.
Mis pistones ácidos. La locura o la razón.
Cáscaras o sueños. Perros fulgurantes o gladiolos.
Almohadas sin horario.
La furia vertical de los ventrículos: icónica oración
sin dios ni macho.
La muda congestión entre las mantas.
Por mi boca: callejones.
Aceras con su barro. Televisores de mercurio.

…Reflejos naturales de lo ido…

Apresados en el fin,
unidos umbilicalmente a la aclimatación
de los carburos, ajenos a la lánguida canción
de las clavículas, refrigerando la simiente
que no llega, sentenciados por perpetua
agitación de rosas áridas, odiados
por los odios de un gran odio que nos moja,
de esta petrolífica manera de besar,
de esta dubitante rendición de las rodillas,
balcanizados, amasados a los ejes más grasientos
de la máquina, encanecidos por rumores de orcas muertas,
asediados por el débil saucedal de los adioses;
apresados en el fin,
unidos umbilicalmente a la aclimatación
de los carburos, ajenos...[13]

---

13   Ahhh eterno gran poema: «hincaste tus cuchillos / en la árida
entrepierna de los hombres / que sentían mil estrellas / apagadas y dis-
tantes / por el paladar resquebrajado de sus sueños. // Ahora quieres
((digitalmente)) morir / entre zumbidos: no nos hieras con tu trabazón
ardiente de amapolas, / descansar ((hemos)) sobre tu verbo luminoso-
alcoholizado, pues hierves / como los polvorientos párpados de Antonio
Gamoneda / bajo las pulsaciones frenéticas del atardecer». (Perdonadme,
me he inspirado en exceso degustando el poema de Milanni).

RODRIGO SÁNCHEZ VALBUENA

Conduce un Citroën Berlingo de 2004, viste un traje pardo de franela de los años cuarenta y trabaja como peón de albañil para Hermanos Pérez-Merchán Constructores. Nació en Fuensalida (Toledo), el día 14 de octubre del año 1979. Comenzó a escribir poemas a los 9 años: su primera composición fue un regalo de cumpleaños para su madre que aún conserva, amorosamente, en lo más hondo de su inexplorado frigorífico. Nunca ha publicado nada. Nunca se ha dado a conocer en revistas, periódicos, webs, universidades o cenáculos restringidos y vacuos. A pesar de ello, conserva catorce poemarios inéditos cuyos nombres son los que siguen: *Flores de porcelana* (1995), *Indignidad* (1996), *Desintegraciones* (1997), *Tango funesto* (1998), *Senderos de plata* (1999), *Levedad* (2000), *El estertor de plomo* (2001), *El jardín de las melancolías* (2002), *El orden de los olvidos no altera el recuerdo* (2003), *Abrazando el viento* (2004), *Experiencias lejanas a la vida* (2005), *Dípticos e interludios* (2006) y *Hoplomaquias* (2018). Como vemos, he enumerado trece libros. El decimocuarto, titulado *La gloria fue para los otros* (2014), cuenta con un gran interés, pues yo mismo le recomendé que lo enviase al Concurso Literario Complutense de Poesía. Finalmente, se animó a remitirlo en el año 2018, pero el manuscrito fue rechazado por contener, aparte de una serie de poemas, textos en prosa y once notas al pie de página. El jurado interpretó dicha variedad textual como un refinamiento absurdo y prescindible, pues para ellos constituía un artificio hueco que nada aportaba al poemario (eso si no mencionamos que rompía con los parámetros preestablecidos por el concurso). Una pena, la verdad.

Acompañado por Tomás Torres Larumbe, Ismael Sarmiento, Alcira Aguado, Luis Dionisos y José Díaz, nuestro autor recita multitud de versos en el pálido salón de su hogar: sólo el humo y el sonido de la televisión envuelven su desollada carne.

DE LOS DESAFORADOS CABALLEROS QUE IMPRIMEN SU IMPERIOSA OPINIÓN A TRAVÉS DE CUALESQUIERA ARTEFACTOS ELECTRÓNICOS

Venía con pasión la cacatúa
cubierta en soliloquio destemplado;
salíale del pico un buen puñado
de insólitas mugreces y una púa.

Venía en el plumaje en que se actúa
de grande sabedor, de intelectuado;
tragándose su verbo vomitado,
sin ver los accidentes de la rúa.

Tiempo fatal: chocóse seco y duro
contra ese cablecito allí suspenso.
Tragóse muy entera su espinilla.

Cayó como una caca sobre un muro.
Y fue su gran espasmo tan intenso
que entonces se asfixió en su palabrilla.

DE DOS JÓVENES JADEANTES
QUE VOCEARON EN PÚBLICO SU
FLIRTEO VIRTUAL[14]

Dos sapos infantiles que retozan,
que se asan con furor en la insapiencia,
creen que la alegría es la existencia
cuando con babas de alquitrán se rozan.

Los puercos en las heces se rebozan
y ellos las prueban; pero su nesciencia
les dice: ¡Oh, esto es reminiscencia
del paraíso! Y yo: ¡Oh, cómo gozan!

---

14   Rodrigo me contó que José Manuel Martínez Morillas, presti-
gioso catedrático de la Universidad Autónoma, le relató la anécdota que
desencadenó este poema: «estábamos hablando sobre un artículo que un
infeliz acababa de publicar en la revista digital En Plan Culto y, de re-
pente, Josema me dijo que, días antes, había visto a ese fulano tonteando
descaradamente por el grupo de WhatsApp con una de las integrantes
de la plataforma; vamos, un despropósito sólo acontecible en los tiempos
actuales. Ridículo». Es palpable que Rodrigo detesta el verso libre y todo
lo que ha traído el siglo XXI, por eso prefiere seguir construyendo so-
netos: todos sus poemas están urdidos escrupulosamente. Es una suerte
de militante nostálgico antipresentista: un idealista que se percibe, en
último término, fuera de la realidad.

Mucho admiro a estos seres de *celebro*
encebollao, de tan altivas dotes
pa lo indocto. ¡Tan largos como el Ebro

en tontería! Y pienso en sus cipotes.
Y súbito me da tan alto quiebro
que pégome en la sien con mil barrotes.

DE LA LABOR DE CIERTOS POETAS QUE PULULAN HOY POR NUESTRAS REGIONES VIRTUALES

Con lápiz y papel nuestro poeta
dispónese a adentrarse en una estancia
algo turbia por su oficio, algo rancia,
pues sábenla el bifaz y la probeta.

Allí poetiza esfuerzos con la jeta,
allí se desternilla en su fragancia;
extrae de los detritos poemancia
y versos de la otrora caldereta.

No esperen los lectores más que esto:
un alguien enclaustrado entre su roña
y el vulgo que lo ansía y lo enajena.

¡Den paso a nuestro príncipe funesto!
Pues cae de entre sus glúteos la ponzoña
que habrá de almibararnos nuestra pena.

ÍNDICE